NAIL ART

Maritza Paz

Con la colaboración de
Irene Claver

Rocaeditorial

DVINE
NAILS

© 2020, Maritza Paz
© de las ilustraciones: numon.cat
© de las fotografías: Freepick y Maritza Paz
Diseño y maquetación: numon.cat @woowlow
Texto: Irene Claver

Primera edición: junio de 2020
© de esta edición: 2020, Roca Editorial de Libros, S. L.
Av. Marquès de l'Argentera 17, pral.
08003 Barcelona
actualidad@rocaeditorial.com
www.rocalibros.com

La editorial no se hace responsable de la aplicación en casa de la información y el uso de los materiales mencionados en este libro.

Imprime: Egedsa

ISBN: 978-84-17968-94-6
Código IBIC: WJF; WJH
Depósito legal: B-633-2020

RE68946

Mi sueño

Hace ocho años, ¿cómo iba a imaginar que llevaría más de 5000 manicuras hechas? Y, sobre todo, ¿cómo iba a pensar que escribiría sobre mi trayectoria en un libro? Aunque son hechos increíbles, debo decir que forman parte de algo mayor, del camino hacia un sueño.

———————————

Todas las famosas que han pasado por nuestro salón han dado y dan una visibilidad a lo grande de lo que hago, permitiéndome disfrutar de la creatividad maravillosa que define perfectamente el Nail Art y que me sigue enamorando cada día y motivando a hacer lo que hago. Ser creativa, ser atrevida y comunicar con las uñas son rasgos que creo que comparto con mis clientas. Y nada me hace más feliz que el hecho de que ellas se sientan poderosas, hasta el punto de reivindicar «las uñas de Dvine» y de llevar el Nail Art a la esfera de la Aute Cuture ;)

No está nada mal para alguien que prefería unas uñas no tan extravagantes y que ahora pasea pedrería y brillo por el mundo con su arte, ¿verdad? En la segunda parte de este libro os enseño creaciones de caras conocidas a las que sé que seguís.

En fin, que puede ser que hoy me conozcáis en especial por mi colaboración con Paula González (ganadora de *Gran Hermano 15*), Nathy Peluso, Karol G, Rosalía, Aka-badgyal o Sita Abellán, entre otras..., pero lo de diseñar uñas es mi pequeña gran obsesión desde niña. Las caras famosas son la parte visible de mi propuesta como *nail artist*, pero durante el camino para que todo haya nacido y crecido —¡acabo de estrenar mi segundo local!— he contado con muchas personas importantes.

Hasta llegar aquí, ¿qué ha pasado en estos últimos ocho años?

Me considero una emprendedora hecha a mí misma, tanto en lo artístico como en lo empresarial. Desde pequeña, en mi Perú natal, sentía curiosidad por el mundo de la belleza. Y ya en Barcelona, con dieciséis años y la decisión de dejar los estudios para volcarme en mi pasión, quise practicar y practicar para llegar lo más lejos posible. Lo de abandonar los libros no le hizo gracia a mi familia, sobre todo a mi madre. Enseguida empecé a buscar trabajo porque quería ser autosuficiente y pasé por algunas ocupaciones. Mi madre fue la primera en apoyarme y pagarme un curso de uñas con un objetivo bastante curioso: superar una experiencia frustrante. Me había hecho la manicura en un local donde

realizaban uñas de acrílico y, para mi decepción, al día siguiente se me rompieron algunas. Me dije: «Yo quiero intentar hacer esto y que quede perfecto».

Eran los primeros tiempos con mi novio, Cristian —otra de mis personas importantes para llegar hasta aquí— e imaginaos la escena: mientras él estaba con sus videojuegos hasta las tantas de la madrugada, yo devoraba tutoriales en YouTube como los de Laura Vargas. Me compré mi maletín de manicurista y acabé el curso que os he mencionado. No paraba de experimentar: ensayo, error y éxito. Trabajé en centros de estética y, bajo demanda, maletín a cuestas y con el apoyo de Cristian, que me llevaba en su moto de un lado a otro, comencé a hacer uñas a domicilio. Empleaba unas diez horas al día en embellecer las uñas de unas cinco clientas. Estas luego presumían de manos y las peticiones aumentaban. La primera *celebrity* que contribuyó a que las alabanzas sobre mi trabajo corrieran de boca en boca fue Paula González, la ganadora de la edición 15 de *Gran Hermano*. Yo vendía ropa y acordé con una fotógrafa un intercambio de prendas para una sesión si ella me publicitaba en Instagram. Esa sesión era con Paula, y también me ofrecí a maquillarla. Una vez terminó el trabajo, la llevé a casa en coche, le mostré mis creaciones de uñas y aproveché el momento para decirle que estaría encantada de hacerle la manicura; ella me llamó para un servicio a domicilio al cabo de los días. Y, desde entonces, mi vida es una revolución, como *nail artist* y como empresaria.

¿Quizá era el momento de arriesgarme y montar mi propio salón? Así lo hice: con algunos ahorros, 500 euros que pedí prestados y mucho respeto, el primer Dvine Nails abrió sus puertas en Cerdanyola del Vallès (Barcelona) en 2015.

He diseñado uñas para las cantantes Karol G y Nathy Peluso, para otras participantes de *Gran Hermano* y también para parejas de futbolistas del F. C. Barcelona, como Sofía Balbi, Antonella Roccuzzo, Aine Coutinho, Romarey Ventura y Raquel Mauri, además de las artistas que ya he mencionado. A raíz de entrar en este mundo, he visto cómo se han incrementado mis contactos y se ha abierto una puerta gigante para que me vean y reconozcan. En aquel momento, todo era nuevo y muy sorprendente para mí. ¡Y frenético!

Digamos que en cuestión de decoración de uñas me atrevo con todo o casi todo. Pero el atrevimiento no es lo único que hace falta si deseáis tener vuestro negocio y expandir vuestra personalidad creativa. La inversión de energía requiere pasión, tiempo y saber adaptarse continuamente a inconvenientes. Un ejemplo es la pequeña odisea que supuso alquilar un segundo local. Aunque el motivo era más que positivo, pues necesitábamos más espacio, más de una vez me desanimé. En esos momentos difíciles, sin embargo, conocí a compañeras que han acabado formando parte de este sueño, mi equipo en Dvine Nails. Personas que de la nada se convierten en parte de tu familia, con las que compartes día tras día tu vida. Risas, llantos, alegrías. Conmigo están Melanie, que fue mi clienta y se convirtió en mi

Yorkaris y Maritza

mejor amiga y mano derecha; Lidia, que nos aconseja siempre como una hermana mayor; Yorkaris, la Dory del grupo, que en poco tiempo nos ha dado mucha vida y alegría, al igual que Josselyn, que es la pequeña; también está Yolima y Maryuri, que son nuestro equipo de Barcelona, y Hilda, a quien muchas no conocen, pero que se encarga de nuestras agendas (¡sin duda el trabajo más duro!).

Sin la confianza, el valor de equipo y la satisfacción de hacer un buen trabajo, mi sueño perdería sentido.

Y bien, esta es mi historia, un pequeño grano de arena dentro de la historia de este arte, el de las uñas, del que os quiero enseñar todo lo que me ilusiona en las páginas siguientes.

Os propongo...

El arte en las uñas

Un poco de historia, explicación de la técnica, accesorios que necesitamos y recomendaciones sobre el Nail Art.

Encuentra tu estilo y hazlo tú misma

Después de la teoría, la práctica

ESTILOS Y SUS CARACTERÍSTICAS

EL ARTE
EN LAS
UÑAS

Una historia
divertida

No es cosa mía decir que estilizar las uñas puede ser toda una declaración de intenciones. En realidad, ha pasado siempre. Al «sacar las uñas» (es una expresión que me hace gracia) expresamos nuestra personalidad, nuestra identidad respecto a la moda, nuestras creencias y objetivos en la vida, cómo nos identificamos con un género —o no—, cómo nos sentimos. Pensemos en la delicadeza o lo limpia que luce una manicura francesa o cómo el negro domina la estética gótica, punk o emo, por ejemplo, para mostrar rabia, melancolía o romanticismo trágico. Para chicos y para chicas, que no hago distinción, aunque seamos nosotras las que más jugamos con las uñas.

El primer
manicurista

De hecho, ¿sabéis quién fue el primer manicurista?
Katherine Forde , en «History of Nail Art» para fashion-
history.lovetoknow.com, cuenta que fue Eros, el dios
griego del amor y del sexo (al que quizá conozcáis
como Cupido). Este cortó las uñas de Afrodita, diosa
del amor, las esparció por las playas del mundo y se
convirtieron en piedras semipreciosas: en ónix, que
significa «uña» en griego. Una historia tan curiosa como
la de las uñas asociadas a la muerte o, mejor dicho, a la
vida después de la muerte. Por un fenómeno natural
de deshidratación, las uñas, los dientes, el pelo y los
huesos siguen creciendo en un cuerpo sin vida, lo que
ha favorecido la aparición de leyendas y también que
se hayan guardado como amuletos o regalos preciosos.
Bueno, en algunos casos, más que preciosos son un
motivo de terror, pues las uñas largas eran propias de
vampiros y otras criaturas monstruosas y fascinantes.

Babilonia y los egipcios

Aparte de la mitología, hacerse la manicura se remonta a la antigua Babilonia y se han encontrado utensilios para arreglar uñas en las tumbas de los faraones egipcios. Es decir, ¡hace más de 4000 años! Tanto en Babilonia como en Egipto, eran los hombres los que las acicalaban con khol negro y verde, los primeros para ir a la guerra y los segundos para demostrar su linaje.

Los utensilios

¿Y cuáles eran los utensilios en los inicios? Desde la grasa de oveja mezclada con sangre de los romanos, a la tintura de pétalos de rosa hervidos que se usaba en la vieja Turquía, pasando por la mezcla de clara de huevo, cera de abeja y pigmentos vegetales en China, y la henna con la que se cuenta en la Biblia que las mujeres impregnaban su cabello y las uñas de manos y pies, las opciones resultaban laboriosas y de efectos que os sorprenderán si buscáis imágenes.

China

Otra curiosidad histórica, además de los esmaltes, es el valor que se daba en algunas culturas a la longitud de las uñas. En la corte de la dinastía china Ming —entre los siglos XIV y XVII—, cuanto más largas, más estatus, porque indicaba que la persona no se dedicaba a ningún trabajo manual exigente. Los nobles chinos, mujeres y hombres, evitaban roces y roturas cubriendo sus uñas larguísimas con protectores de oro y piedras preciosas, y tenían sirvientes que incluso les daban de comer para que las uñas no se resintieran. Desde luego, os aseguro que hoy con una buena manicura se puede hacer de todo —siempre me preguntan esto—, así que no necesitamos sirvientes...

Imperio inca

Hasta aquí la historia recoge
que las uñas se teñían, pintaban
o cubrían con polvo, pero no se
decoraban como tal. Por eso, algo
que me encanta señalar es que el
verdadero Nail Art apareció en el
Imperio inca, el mayor de la época
precolombina en mi tierra, América
del Sur. Los incas dibujaban águilas
en manicuras increíbles.

Occidente

Mientras que en Oriente buscaban colores, en Occidente preferían lo pulcro. Uñas con formas armoniosas y sin manchas que se conseguían con soluciones de zumo de limón, vinagre y agua, siguiendo el ideal de higiene y pureza. En los siglos XVIII y XIX ya había limas, cremas de manos y de cutículas y líquidos blanqueantes para manos y uñas.

Hollywood

El glamur de Hollywood acabó con esta tendencia impoluta. Las actrices de la década de 1920 lucían colores brillantes que todas las mujeres querían llevar, así que se empezaron a comercializar esmaltes hechos de nitrocelulosa. La verdad es que, a pesar de que los tonos eran preciosos —en rosa, rubí, coral y nude—, eran muy químicos. El rojo fuego tardó aún unos años en aparecer y se obtuvo al añadir pigmentos opacos a la fórmula. A partir de ahí, la publicidad hizo de las uñas un reclamo sexy que ha contribuido hasta el día de hoy a que los accesorios, esmaltes y materiales para uñas hayan evolucionado de una manera espectacular. Innumerables colores, decoraciones y pigmentos... incluso hay esmaltes que cambian de color según nuestra temperatura corporal. Y, claro, disponemos de acrílico y de todos los instrumentos para que las uñas sean más que nunca un lienzo en blanco donde expresar creatividad, sensaciones y el arte que llevamos dentro, y que los profesionales ayudamos a mostrar al mundo.

Además de estas pequeñas pinceladas, me gustaría compartir otros hechos históricos que me parecen importantes.

Esta es mi línea del tiempo

5000 a.C. - 3000 a.C.
Khol negro y verde, y henna en India, Babilonia y el antiguo Egipto.

3000 a.C.
Primer esmalte en China, del rosa al rojo: clara de huevo, cera de abeja, gelatina, pigmentos vegetales y goma arábiga.

1438-1533
Nail Art original en el Imperio inca.

1368-1644
Uñas extralargas en China.

600 a.C.
Polvo dorado y plateado en China.

1896
Gran éxito de la figura de manicurista a domicilio.

1830
Uso del palito de naranjo, inventado por el podólogo doctor Sitts.

1770
Sets de manicura en plata y oro en Francia.

1907
Aparece el primer esmalte líquido, incoloro. Después, se comercializa en más tonos.

1925
Primera manicura de estilo media luna.

1960
Se dibujan flores en las uñas; es la época del *flower power*. Las uñas postizas están en alza y la marca estadounidense Mona Nail patenta el primer sistema acrílico exclusivo para uñas.

1980
Las uñas como símbolo de sofisticación y poder femenino. Predominan las formas cuadrada y oval-cuadrada.

1976
La década continúa con estilo natural: Jeff Pink inventa la manicura francesa.

1995
Nuevos colores: experimentación y uñas más cortas y redondas.

2000
Fantasía en las formas, desde la almendrada a la *stiletto*, esmaltes semipermanentes, acrílico, gel, adhesivos... el arte no tiene límites.

EL ARTE
EN LAS
UÑAS

Va de técnica

Antes de encontrar nuestros colores y elementos decorativos favoritos debemos prestar especial atención a las protagonistas de nuestra creación: lo más importante es el estado de la uña, porque sin una buena base no podemos trabajar. Unas uñas saludables son fuertes y moldeables, aceptan bien la manipulación y los materiales que aplicamos. En este sentido, me gustaría explicar algunos puntos interesantes.

Las uñas están compuestas de láminas de una proteína llamada queratina (que también da vida a nuestro cabello) y crecen desde debajo de la cutícula, la piel que hace de barrera para proteger el organismo de bacterias. Sabemos que están sanas cuando no presentan ondulaciones, su color es uniforme y no vemos manchas ni decoloración.

En el día a día, tener unas uñas bonitas requiere de la misma higiene y cuidados que dispensamos al resto del cuerpo: a la piel, al pelo, etcétera.

Una buena rutina de mimos consistiría en:

1 Lavarse bien manos y pies y prestar atención a limpiar las uñas, también el espacio entre estas y los dedos, donde se acumulan las bacterias. Podemos usar los cepillos de los sets de manicura y algún jabón hidratante suave. No conviene excedernos con el agua ni con productos agresivos porque las acaban debilitando. Un poco de sales en el agua es perfecto para una exfoliación suave.

2 Mantenerlas bien cortadas, sin puntitas ni a ras de piel y limadas. Al limarlas, estimulamos su resistencia. Cuidado con cortar cuando hayan estado largo tiempo en remojo, porque están muy blandas y se pueden romper.

3 Hidratar tanto las manos y los pies como sus uñas. No las excluyamos del placer de una crema.

4 Intentar manipular con cuidado las cutículas. No abusemos: recordad que son una barrera protectora natural.

5 De manera indirecta, incluir en la dieta alimentos ricos en hierro, zinc y vitaminas del grupo B, como la biotina, contribuye a que las uñas estén fuertes y bonitas.

Y no puedo dejar de daros consejos acerca de lo que NO debemos hacer si deseamos preservar nuestras uñas, que seguro que solemos oír a menudo. Lo primero, claro, es no mordérselas ni apurar las cutículas. Después está la mala costumbre de tirar de las uñas rotas y de las pielecitas: las uñas se debilitan con cualquier manipulación excesiva y sobre todo no profesional. Esto sucede si no las cuidamos; en el caso de no verlas bien, en Dvine Nails recomendamos cortarlas y tratarlas, de ese modo se recuperarán y podremos decorarlas de nuevo sin problema. Tengo clientas que no han renunciado a sus uñas acrílicas durante varios años seguidos, y sus manos siguen bonitas y saludables. El secreto (y no tan secreto) es ser estrictas con el cuidado.

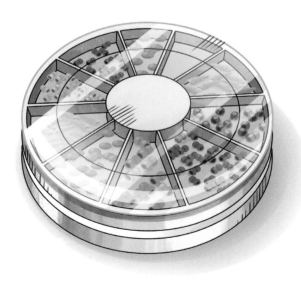

A continuación, un punto clave:
los productos, que dan lugar a muchas críticas y mitos.

MITO	MI OPINIÓN PROFESIONAL
Todos los pegamentos, líquidos y acrílicos son perjudiciales.	Hay dos elementos esenciales en este tema: que el profesional haga bien su trabajo para cuidar las uñas y la piel y que también sea honesto y elija productos contrastando su buen uso.
Hay que dejar respirar a las uñas.	Las uñas no respiran. Es cierto que las láminas de queratina pueden expulsar agua y grasa del cuerpo, pero no es su propósito principal, así que el descanso no supone «respirar».
Los esmaltes amarillean la uña.	Si no se aplica base protectora, puede ocurrir.
El esmaltado semipermanente, el gel y el acrílico dañan las uñas.	De nuevo, la calidad de los materiales es fundamental, así como una buena colocación y retirado por parte del profesional. Aseguraos de que estos dos requisitos se cumplen cuando os hagáis manicura y/o pedicura y todo irá bien.

EL ARTE
EN LAS
UÑAS

La uña y
su cuidado

Ya vemos que unas uñas limpias y sanas son la mejor base para que nuestro diseño se adhiera bien y destaque. Tanto para una manicura como para una pedicura, necesitamos preparar nuestro lienzo. Nos ayudaremos de unos materiales básicos:

Algodón | Quitaesmalte y acetona | Jabón antibacteriano y cepillo | Palitos de naranjo o retiracutículas | Líquido suavizante de cutículas | Cortatips | Aceite y crema hidratante para cutículas y manos o pies.

Empezaremos por eliminar los restos de esmalte de una manicura previa, si es el caso. No hace falta restregar el algodón con quitaesmalte; con presionar la placa y asegurarnos de que la solución se mezcla con el esmalte, veremos que la pintura sale por sí sola. Si se trata de un trabajo semipermanente, se suele empapar el algodón con quitaesmalte de acetona y se aplica sobre cada uña durante unos minutos, aunque en Dvine Nails preferimos utilizar el pulido suave.

El esmaltado semipermanente requiere de nivelado de las uñas para limpiarlo a fondo. Se puede hacer con una lima muy suave. En Dvine Nails utilizamos tornos, ajustados como brocas a un taladro, un aparato eléctrico con cabezales de varios tamaños y durezas (o «fresas»)

con el que podemos controlar el limado y pulido de la placa, y que además resulta muy efectivo para eliminar tanto el gel como las decoraciones sobre o en acrílico. Uséis o no un torno, ¡procurad no rascar ni limar de forma agresiva vuestras uñas! De hecho, la fresa que usamos para pulir el semipermanente es la más suave porque lo que estamos tratando es la placa natural, más delicada, por supuesto, que un añadido postizo.

Mi consejo profesional si soléis haceros manicura semi-permanente es que, si veis que tras varias aplicaciones vuestras uñas están finas y débiles, optéis por reforzarlas con una capa muy delgada de acrílico sobre la uña natu-ral. De esta manera la protegemos y ayudamos a que se regenere sin renunciar a la decoración.

El retirado de acrílico, sea para cambiar las uñas esculpidas completas o para limpiarlas y redecorarlas, también supone el uso moderado y cuidadoso del torno y un baño con acetona pura. Rebajamos color y decoraciones con el torno (puesto que, si no limamos la pintura, que es semipermanente, no logramos que se derrita la uña acrílica), empleamos el cortaúñas para corregir la longitud, aunque no la dejamos corta a ras de piel, e introducimos las uñas durante 5 o 10 minutos en el baño de acetona. Vamos retirando todo con ayuda del torno y repetimos el baño de acetona hasta que el retirado esté completo. Finalizamos repasando con el torno, para dejarlas al natural o para colocar un nuevo set de uñas acrílicas.

Tras el retirado, nos lavamos manos/pies con jabón y empezamos la preparación de la uña.

Las cutículas se cuidan con mucho esmero. Ya sabemos que son una protección natural. En casa y en otros salones, las llevan hacia atrás con un palito de naranjo o un retiracutículas, y, si crecen muy duras, no se fuerzan: se usa un ablandador de calidad antes de retraerlas. Nosotros recurrimos al torno con una broca especial para cutículas, puesto que en el Nail Art resulta esencial que el acrílico se adhiera a la uña, y cualquier relieve de piel bajo este puede hacer que la fijación no sea efectiva y la pieza acrílica se despegue y se caiga. Así, aun cuidando la cutícula, la modelamos de manera distinta. Por esta misma razón, tampoco utilizamos ablandador de cutículas.

Cortamos sin abusar cualquier pielecita o padrastro (¡nunca si es piel viva!).

EL ARTE EN LAS UÑAS

Breve diccionario de términos de Nail Art

Lúnula

Perioniquio
o borde
periungueal

Pliegue lateral
de la uña

Raíz de
la uña

Cutícula

Placa
periungueal

Borde libre
de la uña

Hiponiquio

Lecho
periungueal

Matriz
periungueal

Pliegue
proximal

Falange
(hueso)

Eponiquio

Acetona

Líquido usado como disolvente orgánico que sirve para eliminar el esmalte.

Acrílico

Compuesto químico para esculpir formas sobre molde de uñas, resultante de la mezcla de líquido monómero con polvo polímero (de porcelana).

Base coat

Esmalte incoloro que protege la uña natural y se aplica antes del esmalte embellecedor (con color o no).

Borde libre

La parte superior de la uña que sobresale del dedo.

Cutícula

Capa de piel muerta e incolora pegada en la base de la uña. Impide que las bacterias toquen la piel viva.

Desengrasado

Extracción del aceite o residuos con lima de grano fino.

Encapsulado

Técnica que consiste en introducir elementos decorativos dentro del acrílico, con un efecto «flotante».

Eponiquio

Es la parte móvil cuando crece la uña, justo debajo de la cutícula. Es decir, es la verdadera barrera con la piel viva y por eso no debemos cortarla demasiado, o crecerá más dura y gruesa.

Esterilización

Limpieza de todos los instrumentos para eliminar los posibles patógenos.

Flancos

Extensión de la uña artificial desde el borde libre.

Hiponiquio

Piel de debajo del borde libre, que también actúa contra las bacterias.

Lecho

Es la mayor parte de la placa de la uña, desde la matriz al borde libre. Consta de la epidermis y la dermis.

Línea de sonrisa

Punto en el que acaba el lecho y empieza el borde libre.

Lúnula

También conocida como media luna. Parte más clara en la matriz con aspecto de luna creciente.

Matriz

Es la parte viva de la uña, en su base, donde se forman las células que la hacen crecer. Estas células están compuestas de queratina, el elemento de las láminas ungueales.

Molde

Pieza que ayuda a la extensión y distribución del acrílico para obtener la longitud y forma de uña deseada.

Monómero

Líquido que, mezclado con el polvo acrílico, se convierte en la pasta con la que se modela la uña artificial.

Placa (o lámina)

Es lo que vemos desde la lúnula hasta el borde libre, y se compone de hasta cien hojas de células comprimidas. Se trata de la uña natural, la que pintamos y a la que fijamos las decoraciones.

Perioniquio

Bordes laterales de las uñas.

Pincel

Fundamental para la construcción de la uña. En Dvine usamos los números 8, 10 y hasta el 12.

Primer

Producto para adherir el material que apliquemos sobre la uña y que esta quede libre de grasas.

Punzón

Accesorio con forma de lápiz fino con puntas metálicas acabadas en bolitas de diferentes tamaños. Se usa para dibujar y esparcir con precisión la pintura y decoración.

Semipermanente o gel

Técnica de esmaltado con la que se fija manicura o pedicura mediante luz LED/UV (ultravioleta). Suele durar hasta veintiún días.

Top Coat

Producto que aporta brillo y resistencia al esmalte, y que se aplica como capa superior para finalizar.

Torno (brocas/fresas)

Máquina similar a un pequeño taladro en la que se insertan cabezales de diversos tamaños y dureza para limar y pulir.

EL ARTE
EN LAS
UÑAS

Paso a paso básico. Formas, colores, materiales

La limpieza va de la mano del cortado y limado, es decir, de la forma que elegiremos para nuestra manicura o pedicura. No es un paso en vano, porque la longitud y el aspecto de las uñas lanzan un mensaje potente sobre nuestra personalidad. Largas o cortas, cuadradas o puntiagudas, el abanico es amplio. ¿Con qué forma os identificáis y os atrevéis?

La verdad es que no podría elegir una sola forma. Creo que todas son como un perfecto lienzo en blanco donde aplicar las decoraciones más imaginativas. ¡Las clientas de Dvine Nails se atreven con cualquiera!

Formas de las uñas

Ovalada

Cómoda y femenina. Quizá es la más habitual y nos queda bien a todos.

Oval-cuadrada

Es la combinación de ovalada y cuadrada.

Rectángulo con bordes suaves

Cuadrada

Suele ser la más buscada para la manicura francesa, por ejemplo. Es la más clásica.

Redonda

Cómodas, llevables y también dan una apariencia más fina a los dedos.

Borde semicírculo

En punta
Almendrada.

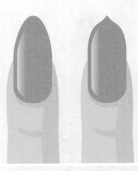

En punta
Diamante.

En punta
Con sus variantes:
almendrada, diamante, *coffin*, *stiletto*.
Atrevidas y artísticas.

En punta
Stiletto.

En punta
Coffin.

Como has leído antes, las uñas se benefician del limado y por eso los profesionales preferimos limar a cortar. Pensemos en cómo los coquetos gatos rascan y conservan sus garras fuertes y lindas, y sigamos las señales de la naturaleza sabia. ¡A dar forma! Pero ¿cómo?

✓ **Conseguid:**

Una lima de grano fino o medio
Un pulidor
Un cortatips

1 Con las uñas bien secas y solo si necesitamos acortar bastante, utilizamos el cortatips, apenas reduciendo la placa por el centro, para a continuación limar. Es preferible no cortar los extremos ni todo el borde libre.

2 Escogemos la forma que mejor vaya con nuestro estilo y, para comenzar, observamos el trazo de nuestras cutículas y lo usamos como guía para limar el borde libre. De esa manera, no fallaremos a la hora de lograr simetría y equilibrio.

3 Tomamos la lima en un ángulo de unos 45 grados y trabajamos siempre en la misma dirección, de los lados hacia el centro de la uña. Evitamos limar de abajo arriba.

4 Con el pulidor, alisamos la placa y los bordes, siempre con cariño. Veremos cómo la superficie está lista para la fantasía.

5 Bien, ya tenemos el cuadro listo para poder pintar y decorar, sean las manos o los pies. En este punto, las artes nos ofrecen varias posibilidades. Por supuesto, tenemos el **esmaltado** de toda la vida, con o sin color. No hay que saltarse el paso de cubrir la placa ungueal con base o líquido fortalecedor, que ayuda a que la uña no amarillee ni se manche, además de tratarla.

Los **esmaltes semipermanentes** suponen los mismos pasos, pero se secan y fijan con luz LED/UV (ultravioleta). No precisan por ello secado, aunque sin la luz no conseguiremos endurecer la pintura. Su composición química es similar a la del acrílico, aunque este se seca y endurece por sí mismo, sin luz LED/UV.

El acrílico es la mezcla de líquido monómero con polvo polímero (de porcelana) y se puede colocar directamente sobre las uñas o formar uñas artificiales sobre moldes, que actúan como extensiones o realces de las naturales. Atención: siempre ponemos *primer* antes de trabajar sobre la placa natural.

En Dvine Nails somos amantes del Nail Art con acrílico, como puedes comprobar en las imágenes que he seleccionado para este libro. También puedes estar al corriente de todos los diseños del equipo Dvine en nuestro perfil de Instagram, claro.

Ahora que la fase básica de la manicura o pedicura está completa, me gustaría compartir con vosotros algunas nociones sobre **dibujos y colores**. Muchos me preguntáis qué tonos quedan mejor o si para cierto patrón es necesaria una uña más o menos larga. Para mí, no hay nada como el ensayo-error: prueba, prueba, prueba. Es quizá de lo que más disfruto: experimentar y sorprenderme con el resultado.

Eso sí, hay directrices que nos dan pistas, como son el tono de la piel y la Teoría del color.

Si vuestro tono de piel es claro

Será muy difícil que algún color no os favorezca. Rosas, rojos y violetas casan muy bien con la palidez. Los colores más oscuros y radicales pueden resultar demasiado enfáticos, a no ser que justamente deseéis decirle al mundo «aquí estoy yo».

Si vuestro tono de piel es intermedio

Los tonos metalizados y rosas, naranjas, corales, amarillos o azules vibrantes os acompañarán, mientras que el púrpura oscuro o azul marino apagará vuestras manos y pies.

Si vuestro tono de piel es oscuro

También los colores oscuros y cálidos realzarán vuestras manos y pies (rojos, marrones, verdes). Las pieles bronceadas agradecen uñas en azul y rosa pastel.

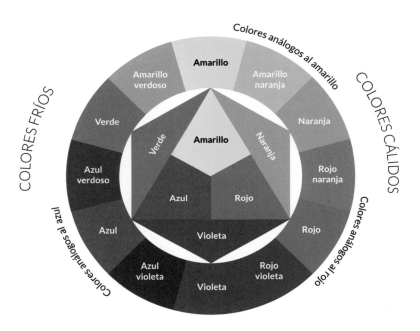

Por otra parte, la Teoría del color es un recurso cuando decidimos combinar varios tonos y necesitamos un poco de ayuda. Los colores cercanos (llamados análogos) en el círculo cromático son los que quedan armónicos, mientras que los colores opuestos (complementarios) en esta rueda de colores crean contrastes. Observemos:

Este es el círculo cromático, muy importante en la creatividad con el maquillaje y, en realidad, para cualquier tipo de diseño, desde la decoración de interiores a las portadas de los libros.

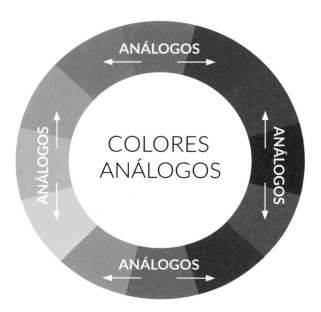

Si buscamos combinaciones armónicas, podemos alternar uñas de colores rojos o amarillos-naranjas, o de tonalidades verdes, o azules con violetas. Son colores análogos o contiguos en este círculo.

En cambio, cuando queramos romper con la armonía, podemos alternar colores enfrentados en el círculo, como amarillo y violeta o verde y rojo.

Por supuesto, no solo el color contribuye a formar una imagen, sino que el diseño amplifica o relativiza el aspecto final. Me explico: unas uñas llenas de colores subidos y contrastes, pero con curvas y difuminados,

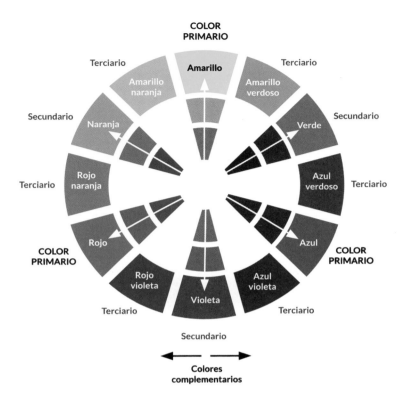

COLOR PRIMARIO

Terciario

Amarillo

Terciario

Amarillo naranja

Amarillo verdoso

Secundario

Naranja

Verde

Secundario

Rojo naranja

Azul verdoso

Terciario

Terciario

Rojo

Azul

COLOR PRIMARIO

COLOR PRIMARIO

Rojo violeta

Azul violeta

Terciario

Violeta

Terciario

Secundario

Colores complementarios

pueden suavizar el *look*, así como unos colores más armónicos con diseños de líneas rectas pueden resultar atrevidos. La verdad es que encontrar una combinación de patrón y color con la que nos identifiquemos o queramos usar como medio para expresar nuestro estado de ánimo es un paso muy divertido y necesario cuando practicamos el Nail Art. Por ello, intentamos invertir unos minutos en decidir qué queremos plasmar. También conviene probarlo en un par de uñas y que ese diseño sea uniforme y similar en cada uña para que la manicura o pedicura quede perfecta y bien dibujada.

EL ARTE
EN LAS
UÑAS

Los accesorios

Los profesionales del Nail Art contamos con instrumental y accesorios para hacer nuestros pequeños cuadros. Purpurinas, pinceles, brillantes de diferentes formas y cristales Swarovski originales, lacitos, pegatinas, esponjas para difuminar, etcétera, son parte de nuestro maletín artístico. ¿Qué elementos decorativos y utensilios recomiendo tener y cuáles creo que no utilizaréis en casa porque son más de ámbito profesional? Apuntad, por favor:

LOS BÁSICOS

Acetona y quitaesmalte, para disolver la pintura de uñas.

Celulosa (mucho mejor que algodón, que deja incómodos residuos).

Aceite para cutículas.

Cortatips.

Cortaúñas.

Cepillo de uñas.

Palito de naranjo o de plástico suave.

Limas de varias durezas y pulidor/torno y brocas/fresas.

Base y *top coat*, que son esmaltes incoloros protectores para antes y después del esmaltado.

LOS DEL ARTE

Set de pinceles de varios cabezales: de más fino a más grueso.

Punzones, topos, puntos, etcétera.

Esmaltes de efecto mate, gel.

Sellos y placas para estampar.

Pegamento, ¡el nuestro es mágico! No suele fallar.

Pinzas.

Adornos: brillantes, purpurina, tachuelas y más.

Instrumental y accesorios

Limas de varias durezas

Cortatips

Aceite para cutículas

Pinzas

Acetona y quitaesmalte, para disolver la pintura de uñas

Esmaltes

Primer
Premiun Line

Top Coat

Primer y top coat

Set de pinceles

Celulosa

Cortaúñas

Palito de naranjo o de plástico suave

Cepillo de uñas

Purpurina

Acrílico

Adornos

¿Cuáles creo que no son fáciles de usar en casa?

Como proceso artístico, en la decoración de uñas hay estilos y materiales complicados de manejar desde un punto de vista no profesional. Eso no significa que sean desaconsejables o que con práctica y ganas no podáis tenerlos y usarlos en vuestras manicuras caseras. En el mercado encontraréis todo lo necesario para haceros la semipermanente en casa —siempre podéis resolver dudas con algún profesional de confianza antes de comprar— y es necesario que seáis muy meticulosos con la aplicación de cada capa, el secado y el retirado, como ya he descrito antes.

Con todo, si hay un material que pide práctica, técnica y destreza es el acrílico. Moldear uñas postizas es una cuestión de perfeccionamiento, así que no podemos esperar llevarnos a casa el monómero y el polvo y salir con una manicura a la primera. No nos vamos a engañar, porque no es fácil. Una vez más, los conocimientos y la conciencia de que es un material químico que debe ser seguro me hace aconsejaros que visitéis a profesionales o, claro, que os forméis antes de adquirir acrílico y accesorios. ¡No cometamos locuras!

Como resumen, para hacernos unas uñas básicas en casa deberíamos contar con:

- ✓ Lima y pulidor
- ✓ Cortatips
- ✓ *Primer*
- ✓ Monómero
- ✓ Acrílico (porcelana del color que más nos guste)
- ✓ Vasito para el monómero
- ✓ Pincel de construcción
- ✓ *Top coat* (brillo)
- ✓ Aceite de cutículas

Por cierto, siempre me preguntan dónde compramos en Dvine Nails todos esos pequeños complementos tan originales que usamos en el Nail Art. Para los esenciales de cuidado y limpieza disponemos de proveedores de confianza que suelen vender al por mayor, como imagino que tienen todos los profesionales del sector. Ahora bien, para el detalle no hay nada como la compra *online*. La verdad es que en ningún otro lugar encontramos tanta variedad y originalidad como en Internet. Ahí adquirimos los accesorios decorativos que no suelen estar en contacto con la uña, como pedrería en general.

EL ARTE
EN LAS
UÑAS

El acrílico

Hablando de este material, no hace falta decir que tiene un lugar de honor en este libro. Gracias a la versatilidad que este compuesto ofrece para esculpir libremente formas y distintas longitudes, el Nail Art alcanza hoy dimensiones impresionantes.

Ya os conté cómo unas uñas largas demostraban el poder y la clase de quien las llevaba, en China o en Egipto, pero en la década de 1960 se dio un paso adelante gracias a la aportación de un protésico dental, el doctor Frederick A. Slack. Este arregló una uña rota con acrílico dental y papel de aluminio y, a partir de ahí, los productos dentales dieron la tecnología y las ideas para la evolución de la decoración de uñas sobre acrílico.

En Dvine Nails tenemos acrílico especialmente formulado para nosotras por un químico. Es decir, que no lo compramos preparado. Con este proveedor de confianza y exclusivo probamos varias tonalidades posibles (el acrílico puede ser transparente, blanco, beis, rosáceo o incluso abrillantado) y buscamos consistencia que permita un secado más rápido. Así, nuestro acrílico es de tipo rosa claro y se seca pronto.

¿El acrílico es entonces un molde de plástico que aplicamos a la uña? No, eso sería una uña postiza estándar, que puedes comprar en un set, y que se adhiere con pegamento especial. Las uñas acrílicas también son artificiales, pero se moldean sobre la propia mano. Se trata de crear y esculpir con este material acrílico hasta obtener el estilo de uña que deseamos. Esta sería la principar diferencia entre las uñas acrílicas y las uñas postizas de quita y pon.

Otro tipo de uñas artificiales distintas de las acrílicas arrasaron en la década de 1980 y, aprovechando esta locura, la industria se atrevió a lanzar al mercado una solución extrarrápida para quienes quisieran presumir de manos perfectas en cualquier momento y ocasión. Hablamos de las uñas adhesivas.

Esta estupenda opción suele triunfar entre quienes se muerden las uñas o las tienen cortas pero desean llevar un estilo más atrevido o más elegante. Además, en las sesiones de moda o para vídeos musicales, las *nail artists* pueden prediseñar las uñas y aplicarlas en el set de fotos o rodaje.

Mi experiencia me dice que las uñas de quita y pon no son recomendables para un uso prolongado. Por una parte, el pegamento es bastante intenso y puede dañar la capa de la uña, de ahí que limitemos su uso a alguna ocasión especial. Como además las uñas postizas no están completamente adheridas, es fácil que filtre el agua y la suciedad y se promueva la aparición de hongos.

Eso sí, para un uso de un día, tienen como ventaja que se recortan para lograr la forma que queramos. Además, la variedad de diseños es impresionante.

EL ARTE EN LAS UÑAS

Cómo lo hacemos en Dvine Nails y cómo puedes hacerlo en casa

Tras el cuidado básico de manos o pies y sus uñas que habrás leído en anteriores páginas, en este tipo de trabajo proseguimos aplicando los esmaltes. Esmaltes, en plural, porque sobre la placa ponemos la base y/o loción endurecedora (hay bases que incluyen este tipo de tratamiento), el color y la capa protectora o *top coat* transparente. Estos tres serían los pasos lógicos.

Para pintar, también precisamos con qué corregir o borrar errores: un palito de naranjo.

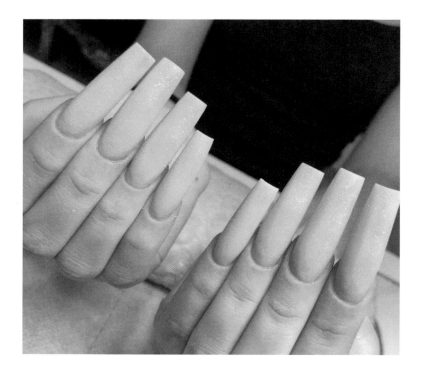

ESMALTADO
MANIPEDI HABITUAL

Color uniforme

Una gota en la punta del pincel, de base, pintura o *top coat* es suficiente para cubrir la uña entera. Desde el centro de la placa, extendemos esta gota hacia la cutícula, presionamos un poco para que se abra el pincel y llegue a la base de la uña y seguimos trabajando hacia arriba para continuar por los lados. De hecho, la aplicación es trifásica: centro, lado y lado.

ESMALTADO
MANIPEDI HABITUAL

En versión francesa

Tras la base, usamos solo una capa de esmalte rosa, transparente o beis, y procedemos a pintar una línea blanca (o de los colores que os gusten) en el borde libre. No hace falta que pintes por debajo del borde o quedará demasiado grueso. Una vez que se haya secado, aplica brillo finalizador sobre toda la placa, incluido el borde blanco; ahora sí, pasa la pintura por debajo de la uña para sellar el borde libre y que no se levante la línea blanca.

Más tips

✓ Desliza el bote entre las palmas de las manos, haciéndolo rodar para que la pintura se mezcle bien y tenga la consistencia correcta.

✓ Es mejor librarnos del exceso de base o *top coat* escurriendo el pincel en la parte interna del bote, y no en el borde ya que esto mancharía el envase y, al secarse, impediría que abriésemos el bote correctamente en la próxima aplicación.

Más tips

✓ Coge el dedo desde los lados y retira un poco la piel de los bordes laterales (perioniquio) para tener la placa de la uña más plana y expuesta.

✓ Aplica la pintura en tres pasos: primero en el centro, luego en el lado derecho y luego en el izquierdo.

✓ Empieza pintando con tu mano derecha, si eres diestro o con la izquierda, si eres zurdo. De esta manera, habrás practicado cuando tengas que cambiar de mano y te sentirás más tranquilo.

✓ Dos capas finas de esmalte duran más que una gruesa.

✓ Se tiende a tapar la cutícula con esmalte para dar un efecto visual de uña más grande, sin embargo, el efecto que lograremos es exactamente el contrario. La uña parecerá mayor si dejamos 1 milímetro libre entre cutículas y pintura, a la vez que evitamos que se quiebre la capa esmaltada.

SEMIPERMANENTE

Manipedi que dura casi 3 semanas

La manipedi semipermanente sigue los mismos pasos que la de esmaltado sobre uña natural, con la particularidad de que secamos y fijamos la pintura con una lámpara de luz LED/UV. Estas máquinas secaúñas resultan muy fáciles de conseguir y no son excesivamente caras.

Después de cortar, limar y retirar cutículas, se aplica un primer protector y continuamos con la base transparente. Tened en cuenta que en el proceso debemos fijar bajo el LED cada esmalte, esto es: ponemos la base y exponemos las uñas al LED durante 30 segundos, capa de color y otros 30 segundos bajo la luz, y así sucesivamente.

Solemos aplicar dos capas de color y, si lo deseamos, elementos decorativos encima del gel. Después secamos, terminamos con el *top coat* y volvemos a secar. Si utilizamos el LED correctamente, no necesitamos esperar, porque nuestras uñas ni se rayarán ni se correrán.

Más tips

✓ *La semipermanente es ideal para las que prefieran llevar unas uñas decoradas más cortas, bien porque les gusta o por motivos de trabajo. Las más jóvenes también optan por esta variante.*

ACRÍLICO
UÑAS ARTIFICIALES

Esculpido

Convertirse de la noche a la mañana en escultor y diseñador de uñas no es algo común, como tampoco lo es contar con todos los utensilios para moldear en casa. En nuestro salón, el proceso consiste en preparar las manos mediante limado que deje la uña porosa, retirado de cutículas y aplicación de *primer*, que favorecerá la adherencia. Es entonces cuando empieza el juego: formar la uña.

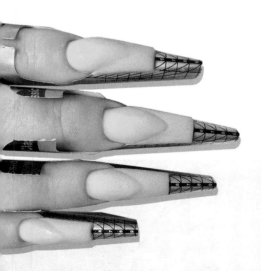

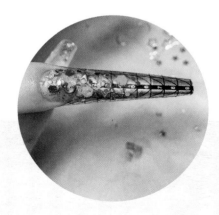

Colocamos sobre cada uña un molde y disponemos de un vasito con el líquido monómero y de polvo de porcelana. Mezclamos ambos con la ayuda de un pincel para obtener el acrílico y moldearlo. El acrílico tarda entre 1 y 2 minutos en secarse, y ya sabemos que no precisa LED. Lo vamos trabajando y lo limamos y pulimos para después pintarlo con semipermanentes. Una vez maquillada la uña, secamos en lámpara LED durante 30 segundos cada capa. Finalmente, introduciremos las decoraciones y sellaremos todo con *top coat*.

ACRÍLICO
UÑAS ARTIFICIALES

En versión encapsulado

Encapsulamos o atrapamos dentro del acrílico los elementos decorativos, en lugar de pegarlos en la superficie. El proceso es el mismo que el de esculpido, pero antes de colocar la última capa de acrílico introducimos estas decoraciones, que flotan en la uña. ¡Mis clientas hasta han llegado a traer hojas de marihuana para encapsularlas!

Y después de cada creación, en uñas naturales, esmaltadas semipermanentes o acrílicas, acabamos la rutina con el aceite para cutículas.

5

*buenas
razones para
lucir unas
uñas acrílicas*

1 *Estilizan las manos, masculinas y femeninas.*

2 *Lucirás unas manos impecables y bien arregladas durante un mes, sin necesidad de retoques.*

3 *Aunque no lo creáis, son útiles para muchas cosas, por ejemplo para dar caricias.*

4 *Nos permiten dedicarnos un ratito de relax y autocuidado, que siempre se merece y va muy bien.*

5 *Los clientes y las clientas coinciden en que les hacen sentir empoderados, guapos. Son un elemento de la personalidad que enseñas y que te identifica, tu sello personal.*

ENCUENTRA TU ESTILO Y HAZLO TÚ MISMA

Dvine Nails, un arte reconocido

Paula González llegó a mi vida gracias a un intercambio creativo, como os avancé en las primeras páginas de este libro, y la fórmula se repitió cuando, al año de inaugurar el primer Dvine Nails, recibí un mensaje de Rosalía:

Rosalía

Estoy arrancando como cantante. ¿Estarías interesada en una colaboración?

En ese momento, si no recuerdo mal, rozaba los 20 mil seguidores en Instagram y acepté porque me pareció que era un número importante. El primer diseño para ella consistió en encapsular purpurina plateada y, a continuación, decorar con cristales Swarovski. Al principio, ella venía de un estilo discreto, pero se ha ido atreviendo a todo, ¡como podéis comprobar!

Uñas de Rosalía.

Otras cantantes, como **Karol G**, **Nathy Peluso**, **Akabadgyal**, **La Mala Rodríguez** y **Lola Índigo**, además de **Rosalía**, han confiado en Dvine Nails para sus vídeos, conciertos y apariciones en premios y medios de comunicación.

E *influencers* como **Sita Abellán**, **Chleopawtra** y **Daniela Blume** nos visitan a menudo y no se cortan a la hora de experimentar.

Las parejas de los jugadores del Barça, en general, prefieren estilos más naturales o la siempre efectiva francesa.

¡Ah! Y otro evento muy especial para el que estuvimos haciendo Nail Art en el centro de Barcelona fue el de la marca Adidas.

Con La Mala Rodríguez.

Sita Abellán.

ENCUENTRA TU ESTILO Y HAZLO TÚ MISMA

Estilos y sus características

Desde lo más sencillo hasta lo más efectista, el Nail Art recoge estilos con nombre propio y, por supuesto, creaciones de autor. En Dvine Nails manda la creatividad elevada al máximo, y desde el ombré *(también llamado baby boomer) a los encapsulados más inesperados entran en nuestras uñas, tanto para una manicura semipermanente como para las aplicaciones en acrílico. Me gustaría repasar con vosotros algunos de estos estilos y enseñaros diseños basados en ellos.*

80's

Fluorescentes y geometría son los protagonistas de las uñas estilo años ochenta, recordando la exageración en la moda de aquella década.

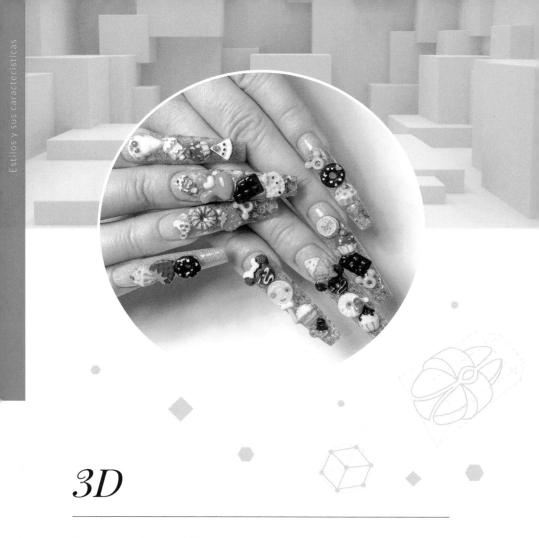

3D

En la manicura 3D, los elementos decorativos sobresalen de la uña. Sí, los puedes tocar en relieve. Además, con el acrílico podemos llegar a construir las formas más variadas, como espirales, por ejemplo.

French ombré
o French Fade (Babyboomer)

No nos cansamos en nuestros salones de este estilo, que consiste en mezclar y superponer colores para lograr un efecto gradual desde la raíz al borde libre de las uñas. Los colores originales son el blanco y el rosa, pero no tenemos límite para la manicura que más nos guste.

Con mensaje
(Statement)

Se trata de diseños que muestran una declaración de intenciones o personalidad. Desde un «I <3 You» a una letra en cada uña para formar una palabra, pasando por emojis u otras locuras.

Logomanía

Se suelen elegir marcas de lujo
—siempre *fashion*—, logos de
grupos musicales, de equipos
deportivos...

Artsy

Los dibujos representan motivos artísticos más o menos conocidos de la historia del arte, como el *pop art*, o elementos del Barroco y el Renacimiento.

Topos y rayas

Para un aspecto entre ingenuo y divertido, fresco y romántico, pintamos rayas y puntitos de cualquier grosor y color, agrupados o separados, solos o en combinación, sobre uña de tono natural o esmaltada con colores fuertes.

Espaciales

El plateado, el brillo y los neones centran este estilo inspirado en los planetas y las estrellas, y todo lo que tenga que ver con el *look* astronauta o el viaje al espacio exterior.

Animal print

El estampado de leopardo de todos los tonos que queramos, desde el fucsia al clásico mostaza, lleva años en boga, y es, con los estampados de cebra y cocodrilo, una elección habitual para decorar uñas. También se da la opción de que tengan relieve, usando una especie de rejilla o tul, con lo que obtenemos un *animal print* en 3D.

Tribal

¿Os vienen a la mente las telas africanas, con líneas, ondas, colores alegres, flores y plantas o incluso animales? ¿Los indígenas amazónicos? ¿Y los mosaicos? ¿Los motivos hindúes? ¿Los azulejos árabes? Pues el tribal es el estilo de los pueblos y sus artes y costumbres ancestrales.

Termocromático

Se trata de un esmalte que tiene la propiedad de cambiar de color según la temperatura al que lo expongamos. Así, con variaciones de frío o calor, nos puede sorprender con un tono distinto.

Encapsulados

Las posibilidades son infinitas: pan de oro, flores y hojas, muñecos, plumas, bolitas y otras piezas geométricas, telas, metales, frutas, instrumentos musicales... Todos pequeños y de plástico, claro, que se introducen en el acrílico antes de que este se seque.

Holograma

Esmaltes que desvelan una trama distinta según el impacto de la luz, metalizados o con motivos diversos.

Mármol

Se esparce un líquido especial que se termina difuminando con alcohol y que simula una piedra de mármol.

Grafiti

También es una técnica que imita al espray. Para lograrla debemos repartir el color con un cepillito o aerógrafo cargado de pintura especial para este tipo de manicura.

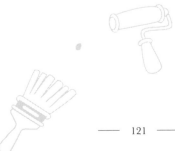

Francesa reinventada

Pensemos en dibujar el borde libre de la uña con colores y no en blanco, como es habitual. O añadir purpurina, piedras semipreciosas, plumas encapsuladas... Todo vale para actualizar o soltarnos con la francesa. También en versión inversa, es decir, cuando en lugar de dibujar una media luna en el borde externo de la uña la pintamos en la raíz de esta.

O, por qué no, como se hacía en los glamurosos años cincuenta, atrevernos con una francesa doble: borde y raíz esmaltados de un color diferente al resto de la placa de la uña.

Multitono degradado

Como si emuláramos la ropa tratada en varios colores, pintamos y difuminamos utilizando una esponja y esmaltes diferentes.

Efecto terciopelo

Esparcimos unas fibras de pana sobre el esmalte fresco y limpiamos hasta dejar la cantidad precisa para que la uña ofrezca un tacto aterciopelado.

Efecto mate

Existen capas para esmaltar que pueden transformar el tono más *glossy* y llamativo en un acabado totalmente mate. Como sucede por ejemplo con los labiales, los toques mate dan elegancia y combinan bien con ornamentos, tanto comedidos como dorados, creando un equilibrio muy bonito.

Piercing

Perforamos el acrílico para insertar aritos, minicolgantes, cadenas y todo lo que se nos ocurra, en modo llavero.

ENCUENTRA TU ESTILO Y HAZLO TÚ MISMA

Algunos patrones Dvine Nails para hacer en casa

Teniendo en cuenta que construir uñas acrílicas precisa técnica, podemos comenzar a practicar la decoración con una manicura semipermanente. Claro que, si ya conocéis el acrílico y os defendéis con él, podéis experimentar con los siguientes diseños y, por qué no, con los que os he ido compartiendo a lo largo del libro.

DISEÑO 1

Encapsulado superficial con purpurina

Este diseño está hecho de acrílico y es muy sencillo: se crea la uña, se lima y se pule. Tras pintar y aplicar el brillo, colocamos una capa muy fina de *top coat* para conseguir este encapsulado superficial con purpurina.

Helado y piruleta de verano en 3D

Este diseño es uno de mis favoritos, pues me recuerda al verano y los colores me encantan. El aplicado de un helado en 3D y una piruleta en 3D y pedrería es muy original. Creamos la uña en acrílico, le damos la forma en *stiletto*, que casa perfectamente con la del helado, y luego esmaltamos con los colores que más nos gusten.

Para crear el toque final de 3D se necesitan acrílicos de colores y un pincel especial de 3D con el que, poco a poco, conseguiremos recrear la piruleta y nuestro cucurucho.

DISEÑO 3

Animal print

Colores veraniegos combinados con un estampado de leopardo, este diseño se realiza aplicando esmaltes semipermanentes y simulando con un pincel fino pequeñas manchitas redondas como la piel del leopardo. Finalizamos con un acabado mate y, cómo no, ¡añadiendo pedrería a nuestro gusto!

DISEÑO 4

Un básico

Me identifico mucho con este diseño, ya que soy de las personas que lo elegirán.

Estas uñas son tan simples como colocar una capa de esmalte semipermanente con destellos de purpurina y añadir pedrería.

DISEÑO 5

Cuerno de unicornio

¡Este diseño en *stiletto* es precioso! Colores muy pasteles combinados con un difuminado, pedrería y relieve que simula el cuerno de un unicornio.

Construimos la uña en acrílico y pintamos difuminando los dos colores. Para la uña del cuerno de unicornio utilizamos una base blanca y *top coat*. Para darle el volumen, vamos línea por línea y colocamos el pigmento por encima.

DISEÑO 6

Delicado y elegante

¡Este diseño me encanta por su elegancia! Se trata de un *ombré* con encapsulado en tonos muy delicados, con pedrería y algunas hojas en 3D creadas con pincel.

DISEÑO 7

Nude *y metal*

Creo que este diseño es uno de los más elegidos por las chicas que nos siguen, ya que es a la vez sencillo y muy fino. Se construyen las uñas en acrílico y se maquillan con estos colores *nude* acompañados de un toque de purpurina. Utilizamos pinceles finos para dibujar las líneas.

DISEÑO 8

Romántico

Gama de lilas, aplicaciones Swarovski, líneas verticales y un pequeño lazo son perfectamente compatibles en un mismo diseño, como este. Elegimos bien la combinación de tonos y pintamos tras construir las uñas en acrílico y, en este caso, darles la forma *stiletto*. Para las líneas necesitamos un pincel fino.

DISEÑO 9

Fruta fresca

Este diseño, que podemos hacer en acrílico y en manicura semipermanente, es fácil y muy divertido.

Se construye la uña, se le da forma y, por último, pintamos con los colores más semejantes a las frutas. Con un pincel muy fino vamos haciendo el dibujo con cuidado y lo acabamos con *top* mate, para que el efecto posterior del *top coat* imite unas gotas de agua sobre la fruta.

DISEÑO 10

Piedras XXL

Aunque este diseño parece muy complicado de reproducir, no lo es. También está entre mis favoritos. Simplemente tenemos que crear la uña en acrílico, darle forma y pintar una base de un semipermanente con purpurina para que el fondo se vea más glamuroso. Aplicamos las piedras con pegamento especial.

AGRADECIMIENTOS

Agradezco a Carol París, mi editora, por contar conmigo para esta experiencia; a Irene Claver, por la paciencia y consejos; a mi pareja, Cristian, a mi familia y a mis amigos, por estar a mi lado siempre en este camino; a mi equipo en general, por dar lo mejor en todo momento; y a nuestras clientas, que confían en nuestras manos.

A todos, MIL GRACIAS POR SER PARTE DE DVINE NAILS.